Poemas... historias del ayer.

Poemas de cosas que el tiempo dejó atrás.

Wolfgang J. Flores A.

Foto de la portada: Eucaris Michelly Abreu Meza.
Diseño de portada: Wolfgang J. Flores A.
Wolfgangjfa2020@gmail.com

Agradecimiento

Durante doce días de febrero del 2021, el maestro Francisco Navarro Lara, en compañía de su esposa Paqui Gavilán Zurita y de sus hijos; se ocuparon de motivar a un grupo de más de diecisiete mil personas, dentro de las que me encuentro, para hacernos partícipes de una esperanza, de un sueño el que, con su exaltación y enseñanza sobre los procedimientos más convenientes, pudiéramos alcanzar la meta de escribir y publicar un libro. Hoy, a través de éste mi libro, le manifiesto públicamente al maestro Francisco y familia, mi agradecimiento por tanto apoyo. Gracias maestro y familia por su desprendimiento en hacer realidad este proyecto.

Wolfgang J. Flores A.

A mi esposa Sol María; a nuestros hijos:
Genaro, Wolfgang y Roberts.

A la siempre
hermosa y acogedora ciudad de Mérida en Venezuela;
refugio de mis más caros anhelos; especialmente con la
décima "Fantasía Andina",
dedico.

Contenido

Incertidumbre

I

En peligrosa duda desconcierto;

que se acuna en la certeza y el olvido;

que en mí se crece cuando estoy despierto

y en mí perece cuando estoy dormido.

II

De tu amor es infinito el recuerdo,

el que un día creí imperecedero;

que me vuelve a la realidad más cuerdo

para caer de nuevo pendenciero.

III

En la reyerta del fuego atávico

que tu desconsuelo insufla a mi alma;

resurge de nuevo lo fantástico

y en paz regreso a la sagrada calma.

IV

Tu amor mi determinación obliga

en un espacio no terrenal, aéreo;

pero es el tedio que me atosiga;

es la nada, el vacío, lo etéreo…

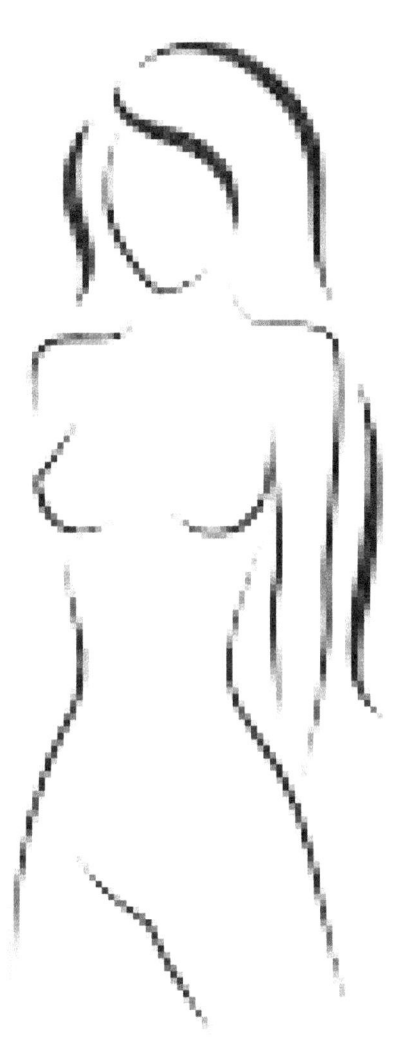

Inocente Liviandad

I

Frágil florecilla amable en la huerta;

encanto sublime de tu impostura,

querubín guardián del cielo en su puerta,

verdugo implacable el desdén augura.

II

Cuando en las noches sales a hurtadillas

a saciar en lo impúdico tus ganas,

a Dios con fe le ruego de rodillas

me ponga en el camino en tus mañanas.

III

Tus caderas en ritmo agilizado

con un aspecto claro desafiante,

saltan con lujuria el espacio andado

dejándome postrado delirante.

IV

Por tu esencia eres mujer voluptuosa;

engañadora, sensual, sibarita;

coqueta, risueña y muy mentirosa;

jamás una prudente señorita.

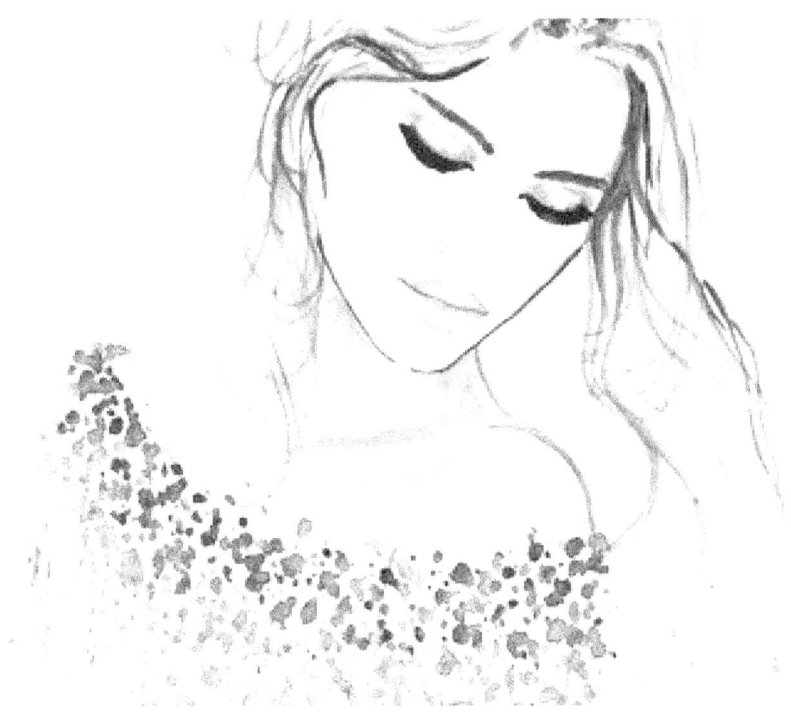

El Modista

I

La rueca insomne el paso avanza en su brega,

con movimiento continuo aletargado.

El modista pronto a su labor se entrega;

serio, sereno, discreto y muy callado.

II

Va tomando forma la tela extendida;

notándose mangas, hombreras y cuello.

La modelo algo nerviosa y distraída,

parece en el salón límpido destello.

III

Poco a poco en el trabajoso basteado

la afilada y recia aguja con destreza,

va dibujando el cuerpo casi agotado;

resiste la modelo con entereza.

IV

De sus caderas las curvas paso a paso

están moldeándose en forma primorosa;

y la transparente blonda, en su regazo,

muestra sin recato intimidad de diosa.

V

Los senos atrapados en el corpiño,

delataron del pulso ritmo apurado

cuando el modista con suavidad de armiño

con la mano tocó su piel azorado.

VI

Ella fingió; pero sus guantes ceñidos,

cubriendo mano y la muñeca a la vez,

mostraron al instante vellos erguidos

y también la acusó el rubor de su tez.

VII

Su mirar furtivo se perdió al instante

recorriendo nerviosa el amplio salón

y un imperceptible susurro galante

sonó en sus oídos como a bendición.

VIII

Un brusco espasmo con singular sonido.

Sobre la máquina afanado el modista

cesa el estruendo del motor en su giro…

y nerviosa permite que él la desvista.

IX

Lentejuelas con sus vívidos destellos

festín de luces al suelo van regadas,

fastuoso espectáculo, recuerdos bellos,

mil caricias con hechizos recargadas.

X

Robando obnubilada al Edén su sede,

ella comenzó con sutil sencillez;

luego con inusitado afán concede

por primera vez su altiva doncellez.

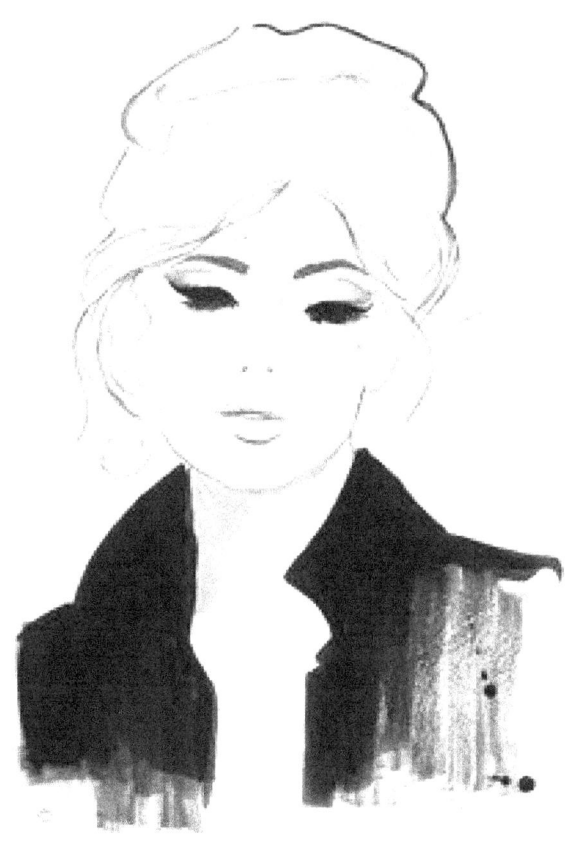

¡Mi Sueño Dorado!

I

¡Santo Cristo Redentor!

en cruz inerte adosado;

póstrome ante ti apenado

a mostrarte mi dolor.

Ayer dudé de mi amor

por aquellos comentarios

que en la calle le oí a varios

hombres de aquella ciudad,

con risas y vanidad,

muy toscos y estrafalarios.

II

En esta Iglesia votiva

hace como dieciocho años

cuando aún éramos extraños,

juré a la imagen cautiva

de esa virgen primitiva;

Nuestra Señora del Cobre.

Cuando al verla me hinqué sobre

el piso de romería

y dije que la quería

sin importar que era pobre.

III

En esta Iglesia vestida

con flores multicolores,

de sombras y resplandores,

por ella ofrecí mi vida.

Fue ocasión inadvertida

por el cura y el sacristán,

cuando ella en su loco afán

para evitar nuestro encuentro,

a sus naves corrió adentro

del color del azafrán.

IV

En esta Iglesia bendita

a Dios lo tengo testigo,

que la palabra que digo

un día brotó solita.

Cuando la vi tan bonita

esa mañana de enero,

me le acerqué con esmero.

Casamiento le pedí

me preguntó ¿Sólo a mí

me amarás con tu desvelo?

V

¡Santo Cristo Redentor!

Buen guía de almas perdidas,

resucitador de vidas.

Contrito de mi rencor

recuperando el pudor

a ti suplico perdón

con el alma y corazón.

Solo, mi vida perece

y mi cordura enloquece

¡Es ella mi devoción!

VI

En esta Iglesia que amara

de ilusiones y de ensueño,

me propuse ser su dueño

pidiéndole no dudara.

Que ya nunca se inquietara

por esa triste existencia;

ni por el pan ni apariencia

de vestidos arruinados;

ni por crespos despeinados

estando yo en su presencia.

VII

En esta Iglesia del prior;

de arabescos, capiteles,

con pechinas y doseles,

prometí amarla Señor.

Fue mi pecado mayor;

estando en la sacristía

le juré que la querría;

que a la aurora despertar,

su lindo rostro mirar,

mil y un besos le daría.

VIII

En esta Iglesia sagrada

de guirnaldas y alabastros,

mis testigos son los astros

de su alma en mí enamorada,

de su gran fe inmaculada,

de mi ser emocionado,

orgulloso y bien plantado;

trabajando noche y día

siempre hermosa la veía

¡Fue ella mi sueño dorado!

IX

¡Santo Cristo Redentor!

Mucha pena desorienta,

me confunde y me atormenta

aumentando mi dolor.

Quítame el frío Señor

que su ausencia me produce.

Quítame lo que seduce

a ignorarle su inocencia.

Y quítame esta demencia

que a la muerte me conduce.

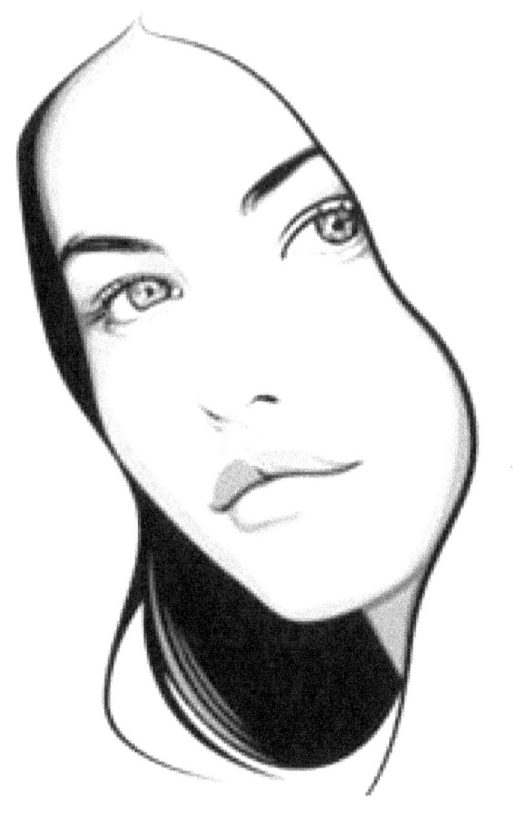

La Meretriz

I

Su mágica desnudez percibo soñoliento

atado con embriagante sopor que alimento

en la juerga anterior, trivial y pueblerina,

que consume mis fuerzas, razón y rectitud

abrazado en cama, sin orden ni pulcritud

a ramera común, descuidada y cantarina.

II

Sucedió antenoche, recuerdo como a las nueve;

señalaba el reloj que en el bar las horas mueve;

libando emocionado de ese licor su esencia,

me alegraba distraído con la copa al frente

y brindaba alborozado con uno y otro cliente,

cuando de pronto advertí su singular presencia.

III

Se acercó solícita con ademán gozoso;

en pecho insinuante descote y cutis precioso;

risueña, divertida y su rubio pelo suelto

de la corona a hombros, caía de la emperatriz;

ella asumiendo pose, como primera actriz,

me inquirió al instante ¿Por qué no habías vuelto?

IV

Su artera pregunta, me dejó cogitabundo;

ya que nunca en mi vida en este agitado mundo

había pisado de este sombrío cuchitril,

sus salones, esa cantina ni los cuartuchos,

donde a saciar deseos, a diario van muchos

sucios y embriagados, con intención tosca y vil.

V

Al instante sonreí tal cual un caballero

plantado en un jardín de florido semillero

y del impulso a la acción solícita y galante,

en repentino abrazo a mi pecho la conduje

y hablándole de amor quedo, sé que la seduje

en aquella inolvidable noche delirante.

VI

Juntos festejamos en frenético derroche,

vaciando con esmero las copas en la noche

y en alucinante y disparatado jolgorio,

mis labios su boca rojo carmesí buscaron;

atrapándola y como nunca ellos la besaron

de distintas formas y completo repertorio.

VII

Al despertarme por la mañana muy temprano

de mi bolsillo unas monedas di en su mano,

ignorando la rabia que su mirar tenía.

Mientras vistiéndome, de un solo salto alcanzaba

la gris y débil puerta que al tugurio trancaba,

intentando escapar de mi propia felonía.

VIII

¡Espera un poco! dijo frenética y agitada;

no es que ahora yo por ti me sienta mal pagada;

quiero que sepas que, por tu alegre travesura,

yo no tengo alguna culpa si de mi te prendas,

sólo vendo mi cuerpo y que en el precio convengas,

te hace cómplice de mi amorosa desventura.

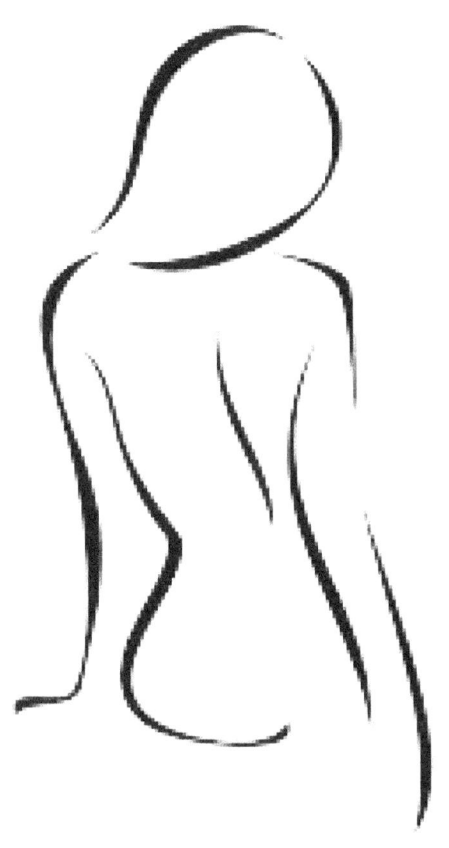

Son tus Perlas

Rota en la rada la ola salitrosa

con aves marinas el cielo orlado;

buques que en el muelle han recalado,

estibadores a la brega ansiosa.

La ola refresca la playa arenosa;

en la red el producto logrado;

en la bahía el marino cansado;

buen éxito en la pesca laboriosa.

En finos Placeres ocultas perlas

que al estar seria tus labios protegen;

pero al sonreír nos permiten verlas.

Y cuando a la noche las labores cesan;

esas tus perlas quisiera tenerlas

cuando mis labios a los tuyos besan.

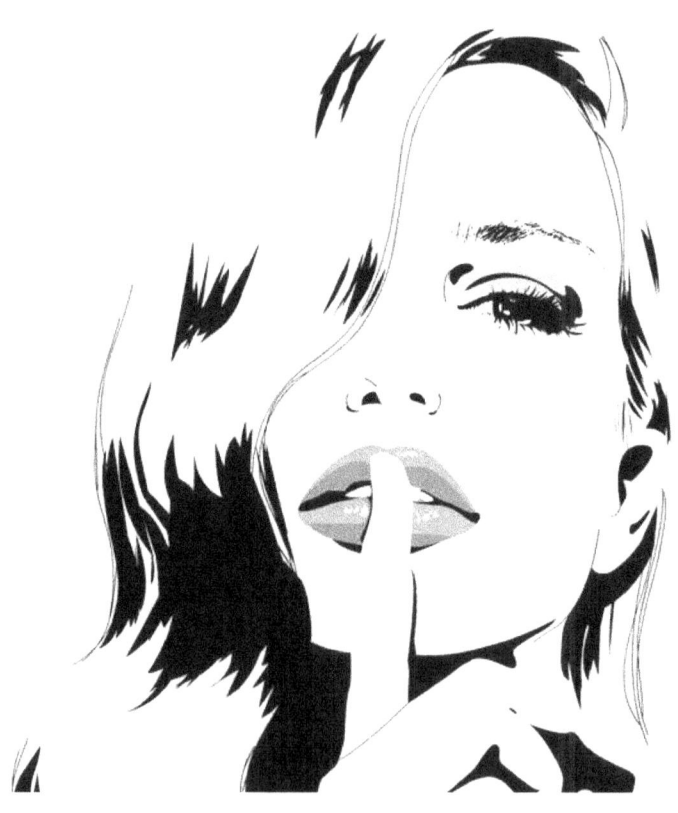

El Influjo de la Vid

I

Tu insistente negativa actitud

devenida en conducta inesperada,

aumentaba a tu serena quietud

y a mi seductora pasión crispaba.

II

Tú casi ausente, yo en verdad sin ti.

Créeme, sí pensé en abandonarte,

no tenía sentido seguir allí;

pues tan solo me dejabas hablarte.

III

Sin motivo me negabas tu amor

por lo que un sorbo del vino tomé;

a la copa devolví al tocador

y de la alcoba su puerta alcancé.

IV

Decidido estaba a sola dejarte;

a irme sin rumbo, solo y deslumbrado

y al voltear para última vez mirarte

al momento me quedé fascinado.

V

Al través de la iridiscente copa

un fugaz rayo bermejo pasaba

y en tu grácil cuerpo tránsfuga en ropa,

con destello brillante se estrellaba.

VI

Arriesgado en nuevo y sagaz intento

probé del vino su esencia virtuosa

con ansias, buscando el salaz momento

de descubrir el ánfora preciosa.

VII

En oblación serena a tu hermosura,

de rodillas igual que en penitencia

en tu vientre acaricié tu figura,

símbolo de tu mayor inocencia.

VIII

Y en tal frenético espacio apremiante

libé del néctar que allí me obsequiaron

tu deseo, excitación y abandono,

que mis ganas y mi cuerpo soñaron.

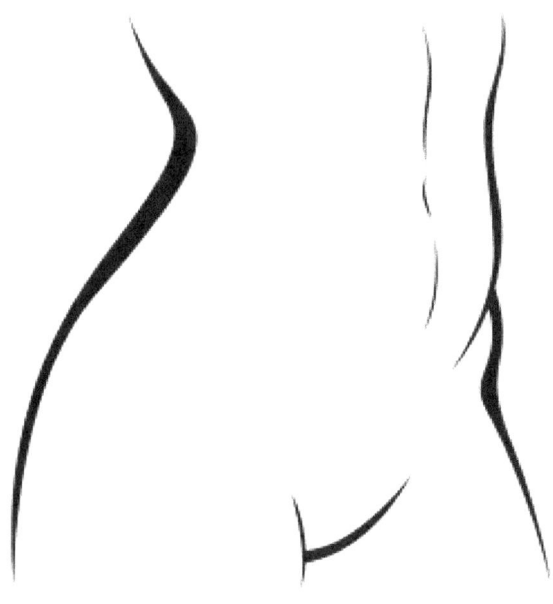

Fantasía Andina

I

Del páramo impetuoso

con riscos y nubarrones,

paisaje de frailejones;

fui tras de ti presuroso.

Un rojo clavel hermoso

me mostró en el camino

la huella de un peregrino;

rumbo a Mérida seguro,

seguí el rastro con apuro

en busca de tu destino.

II

Aterido yo seguí

decidido en el sendero,

sin encontrar un viajero

para preguntar por ti.

A Luz Caraballo vi,

que también a alguien buscaba;

descalza, ida, caminaba

como la vio el rapsoda,

Andrés Eloy Blanco en su oda;

sus dedos triste contaba.

III

Continuaba incansable

recordando tu figura,

tu majestad, hermosura

y donaire incomparable.

Tus ojos de admirable

belleza embrujadora,

de mirada abrumadora;

labios discretos, risueña

expresión facial mi dueña.

¡A tus pies quien te adora!

IV

Cuando se posó el manto

de la noche inclemente,

me encontraba de frente

a una ciudad de encanto.

Sorprendido oí un canto

de alegre entonación.

Supe por esa canción,

en boca de Caribay;

dejado atrás Tabay…

¡Oh Mérida corazón!

V

Con su cima imponente

que se alza orgullosa,

desafiante, primorosa,

plateada perpetuamente.

Saltando alegremente

el conejo paramero

por el risco, el venero;

con el venado comparte

un hábitat tan aparte,

singular y lisonjero.

VI

Amaneciendo el día

fatigado desperté

y anonadado quedé

dudando lo que veía.

Sobre un ciprés había

hermosas aves canoras,

que arrullaban las horas

con su canto melodioso,

de un trinar cadencioso

suspirando silbadoras.

VII

Tu búsqueda proseguí

seguro de encontrarte,

deseoso de amarte

junto a mí te presentí.

Gritando al cielo pedí,

cabalgando al ventisquero,

encontrarte en mi sendero

y en tus gracias revivir

la paz tierna al sentir

tu calor sin el cual muero.

VIII

Al descender una cuesta

con el paso cauteloso,

me iba poniendo nervioso

esperando una respuesta.

Rápido vi la contesta

de mi súplica amorosa.

Estabas tú como Diosa,

en la ribera del Chama,

con el pie hermosa dama

en el agua caprichosa.

IX

Ébano tu cabellera,

cuerpo tostado al sol;

mejillas de arrebol;

corceles en tu pechera.

Me acerqué a la ribera

que tu aroma perfumó

cuando el río te besó.

En mis brazos te tomé

¡Yerto de asombro quedé!

… tu estampa se me esfumó.

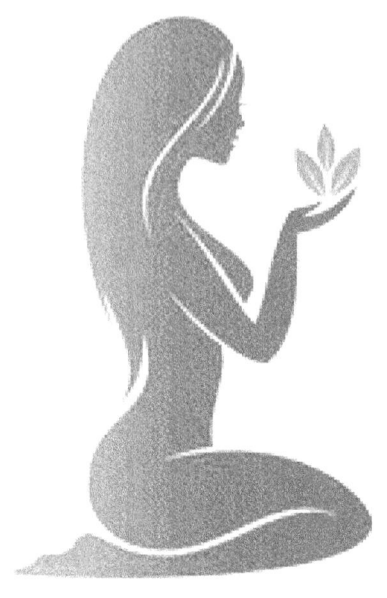

Sueños

En la lúgubre soledad de la noche

mi paso incierto te acechaba

y tu recóndito deseo en derroche

al unísono con mi pasión marchaba

Envuelto en sábanas arrugadas

con la esperanza ahíta de esperas

una a una todas las madrugadas

en cansino sopor sucumbo de veras

La silueta grácil de tu cuerpo desnudo

intuyo, huelo, palpo, presiento

cuando acelerado mi corazón no pudo

acallar del paso su disímil movimiento

Ya los primeros claros destellos

del nuevo día anuncian su presencia

mientras en último y procaz desvelo

con la almohada rompo tu inocencia

…Y en tus senos mi mano anduvo

tu honor manchado por mi desvarío

De pronto su ritmo el péndulo detuvo

¡Fatuo despertar, tesoro mío!

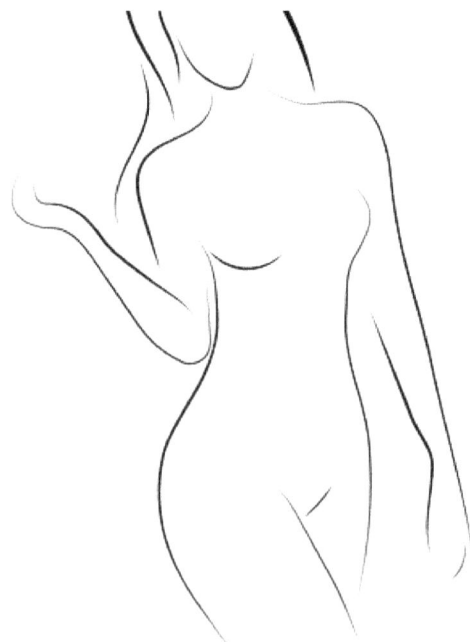

Lucecita

Recordando un momento tu ternura

queriendo con prisa algo vislumbrar

escuché a una estrellita pronunciar

tu apreciado nombre en la noche oscura.

Me vi inquieto añorando tu hermosura

y al lejano horizonte secular

mis ojos fijé para contemplar

de tu amor el reflejo en la llanura.

Miré de nuevo a los cielos oscuros

pero allí vi dos radiantes luceros

que me recordaron tus ojos puros

los que en mi recurrente pensamiento

navegaban mis mares en veleros

amainando mis quejas y tormento.

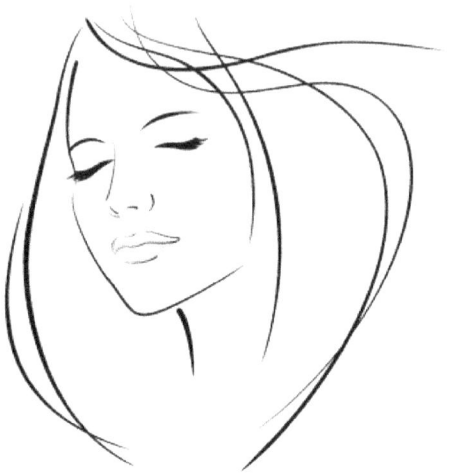

Miedos

I

Tengo miedo del tiempo ido;

de aquel que pasó sin verlo,

del no sentido o vivido,

del fugaz sin conocerlo.

II

Tengo miedo del mañana;

de su arribo y devenir,

de la hora, día y semana,

del presente y porvenir.

III

Tengo miedo a la demencia

que concurre; que perdura

con avidez, con urgencia

a combatir mi cordura.

IV

Tengo miedo por el llanto

que la impotencia promueve;

de la cólera que a tanto

la fea injusticia mueve.

V

Tengo miedo de la espera;

de la duda que acompaña;

del silencio que prospera;

de esta sensación extraña.

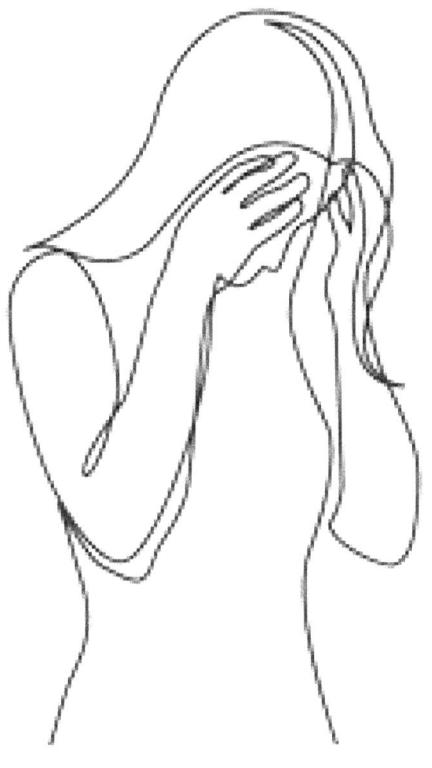

Es la Vida...

I

Tus cabellos ensortijados en cascada
con sus tonos blanquecinos que el tiempo vence
muestran de la vida su fea mascarada
que nunca a mí, ni a ti, ni a nadie convence.

II

Volteándome en el espacio de mi existencia
miro el trayecto de mi tiempo en agonía
quedándome prosternado en vil apariencia
luego del festín en su triste felonía.

III

Busco refugio en aquel mar de mis amores
recordando mi salaz y asfixiante calma
pero termino pintando con mis temores
de horror la quebradiza estampa de mi alma.

IV

En la lucha insomne escudriño la esperanza
oteando rendido hacia el oscuro pasado
y con alarma solo contemplo que a ultranza
la riña en la vida me dejó sojuzgado.

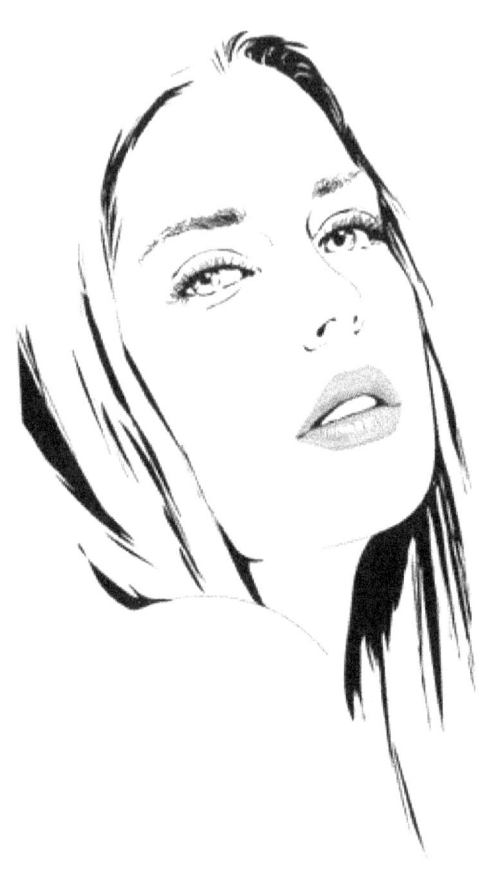